AF607427
AVERSO

# A SOLAS CON LA LUNA

*LAS SENDAS DE DÔGEN*

FLORENCIO LUQUE ALFONSO

Número 49 de la Colección **PERVERSA**

*A solas con la luna*

Edición al cuidado de Averso Poesía
*www.aversopoesia.com*

*hola@aversopoesia.com*

Primera edición: abril de 2025
ISBN: 979-13-990436-1-7
Depósito Legal: GR 704-2025

Impreso en España - *Printed in Spain*

*El papel utilizado para la impresión de este libro está calificado como papel ecológico y procede de bosques gestionados de manera sostenible.*

# A SOLAS CON LA LUNA

*Las sendas de Dôgen*

Florencio Luque Alfonso

# PRÓLOGO

## La serenidad de la naturaleza y la sabiduría de la impermanencia

### *Un viaje poético con Dôgen*

Florencio Luque Alfonso (Marchena, 1955), profesor de filosofía, poeta y aforista, publicó tardíamente su primer libro de poemas, *Lo que el tiempo nombra* (2014), que nace ya con una gran madurez y potencia poética. Le siguió el extraordinario *Ai(m)ée* (2019), basado en el caso de psicosis paranoica de Marguerite Anzieu, estudiado por Jacques Lacan, que le permite bajar a los infiernos de la psique humana y desplegar una originalísima escritura cercana a lo alucinatorio.

Entre uno y otro, dejando constancia del vínculo entre poesía y pensamiento, apareció su primer libro de aforismos, *El gato y la madeja* (2018), al que seguirían *Caja de cromos* (2021), *Melismínimas* (2022) y *Acerico* (Premio Internacional Artemisa de Aforismos 2023).

Florencio Luque es un caso extraordinario de creatividad, en el que a su fuerza poética verbal se une su capacidad para la expresión plástica y para la música, dimensiones que se hacen presentes en sus textos, que reflejan una inusual competencia para la observación y también para el ritmo, tanto en el plano de la expresión como en el del contenido.

Ahora nos sorprende con su tercer libro de poemas, *A solas con la luna (Las sendas de Dôgen)*, en el que asume la voz de Eihei Dôgen de Kioto (1200-1253) maestro budista japonés fundador de la escuela Sōtō del Zen en este país. Dôgen subrayaba la importancia de *zazen*, o meditación sentada, como práctica central del budismo. Con todo, son otras aportaciones de Dôgen las que especialmente cruzan a través de estos poemas: su capacidad de observación y la importancia de las cosas sencillas de la vida cotidiana, la impermanencia de todo, la no dualidad, la vida en el momento presente.

Dôgen permite a Florencio Luque expresar su conexión íntima con la naturaleza y sus seres elementales. Los poemas reflejan una relación no dual con el mundo, similar al anillo de Moebius, donde todo está interconectado y no hay separación entre el individuo y lo que lo rodea.

Los poemas invitan a una contemplación profunda de la vida y sus misterios, sin engaños ni mistificaciones, pero sabiendo apreciar la realidad invisible que late en las cosas más sencillas, y que nuestra relación instrumental con el mundo nos impide ver.

Abierto a la intertextualidad y a la polifonía, a lo largo del poemario entraremos en diálogo con textos de Dôgen, José M. Prieto, Ada Salas, José Ángel Valente, Julia Otxoa, Moya Cannon, Jacobo Fijman, Angelus Silesius, Clarisse Nicoïdski, Li Po, Emily Dickinson, Eloy Sánchez Rosillo, Chantal Maillard, Hugo Mujica, María Victoria Atencia y Antonio Cabrera.

Luque, que domina con rigor la métrica, elige para este libro una mayoría de versos de arte menor (parisílabos o imparisílabos), aunque también encontramos en otros momentos una versificación endecasilábica con eneasílabos y endecasílabos. Desnudos habitualmente de la recurrencia de la rima, en este caso tampoco se evita su uso, a veces insistente, ni se eliminan sutiles y oportunas recurrencias fónicas. La brevedad de los poemas es también una forma de alcanzar la sencillez.

La obra se abre con un poema pórtico, esencial para captar el profundo sentido de la obra, «Bienaventurados» (recreación del Beatus Ille horaciano con resonancias de Fray Luis, pero también del pensamiento oriental). Un poema que se inicia elevando la mirada, hacia el «lento desfile / de nubes por el cielo», como única ambición de quien alcanza la bienaventuranza de una vida descansada. La lentitud, capaz de demorarse «en la luz del crepúsculo» y de ignorar los relojes, nos introduce en otro sentido de la temporalidad, muy alejado del vértigo en que vivimos. Un tiempo que permite que surja la «resonancia» que posibilita el diálogo «con flores y pájaros». Tan importantes como veremos.

A partir de aquí, el libro se divide en tres partes: «Recuerdos del monte Hiei», en la que adquiere una especial importancia la muerte de la madre y la lección de la impermanencia de todo; «Ir a pie», expresión de una vida de caminante ligero de equipaje, en la que casi todos los poemas reducen su título a una palabra esencial (Nido, Sol, Límites, Espigas, Ciprés, Ojos, Mirlo,

¿Quién?, Escudilla, Sueños...); «Detenerse y abrir las alas», que nos lleva a las reflexiones más radicales, la aceptación de que nada sabemos, de la impermanencia y de la muerte. Una inscripción de cierre recapitula en cuatro hermosos alejandrinos las claves de Dôgen: su ausencia de afanes y codicias, ajeno a las imposturas de cátedras y púlpitos; el amor a lo sencillo y la capacidad de oír el canto discreto de los arroyos o el silencio de las respuestas. Finalmente, su enraizamiento en la existencia y la capacidad de disipar las falsas sombras con que se oscurece lo humano a través de dogmas y doctrinas: «Amparado en la vida, desdibujó las sombras».

Sus temas clave son la contemplación de la naturaleza, la memoria y el paso del tiempo, la espiritualidad y la meditación (desde una perspectiva laica y profana, especialmente la búsqueda de la paz interior y el sentimiento de conexión con el universo) o la sencilla hermosura de lo cotidiano. Es una invitación a detenerse, observar y encontrar la belleza y la paz en cada momento de la vida.

Desde una poética material en la que están presentes tierra y agua, aire y fuego, adquieren una especial presencia (a la vez concreta y simbólica) los seres elementales, especialmente vegetales y animales. Entre aquellos, las espigas o las hojas de los árboles, entre los que se mencionan higuera y chopo, ciprés, durazno o manzano, álamos y sauces, limonero y olivo; las flores como el jazmín, los nenúfares o el loto. Entre los animales, especialmente los que desde su simplicidad nos invitan al vuelo: pájaros como la alondra y el jilguero, autillos, mirlos y gorriones o grullas, garzas, tórtolas... Sin que falte la presencia de peces, caracoles u hormigas. Todos ellos nos evocan imágenes vivas de la naturaleza, pero —más allá— nos transmiten sentimientos y reflexiones de gran profundidad desde su aparente sencillez.

Una fuerza especial adquiere en el texto la poética del agua y la fluidez, símbolo del paso del tiempo, de la impermanencia y del cambio. Así representa, por un lado, el constante flujo y la vida siempre en transformación; por otro lado, la pureza y claridad («la luz del arroyo»), también imagen de la búsqueda de la claridad mental. Con frecuencia es punto de partida para la meditación («contemplo el agua del arroyo») y expresa el necesario alimento que nutre la vida en forma de lluvia («la lluvia que regala sus dulces alfileres», «la lluvia que bendice los olivos»). Es «el agua que sortea los juncos y guijarros», o que deja sus huellas («el agua que abre surcos en la arena azarosa»).

En los poemas de *A solas con la luna (Las sendas de Dôgen)* se expresan emociones profundas, como serenidad y paz. Hay una constante sensación de calma y tranquilidad, reflejada en la contemplación de la naturaleza y el disfrute de momentos simples («Feliz aquel que se demora en la luz del crepúsculo» o «Desde la terraza contemplo, / ajeno a los afanes de los hombres, / el lento atardecer sobre los chopos»).
Los poemas transmiten una sensación de tristeza y añoranza por el pasado, especialmente en los recuerdos de la infancia y la pérdida de seres queridos («Con

ocho años perdí a mi madre. / Supe entonces que todo es cambio. / Hoja que el viento mueve a su capricho»). El poema «Funeral de Matsudono Ichi» se cierra con uno de los versos más hermosos del libro: «Tu soledad fue alondra y flor de brezo». Como vemos, la construcción de una voz poética en primera persona será un potente hilo conductor, si bien esta voz de Dôgen nada tiene que ver con un ego fuerte que se reafirme, sino más bien con un proceso de despersonalización por fusión con la naturaleza, por la disolución en el mar infinito de cuanto nos rodea y forma parte de nosotros. «Aquí en la tierra». El lugar en que hay que intentar construir el paraíso. Pero sin aspirar a la perduración ni dejar huellas.

En contrapunto con el amor a la madre, la amistad que encarna ese tú al que se dirige, el «amigo Myozen», al que hace cómplice de vivencias extraordinarias: «no hay palabra que alcance a revelarnos / el gozo inmarcesible de lo bello / y ebrios andamos presos en su luz».

Hay una fuerte presencia de introspección y meditación sobre la vida y la muerte. La cita de Dôgen impulsa hacia este viaje: «No preguntes hacia dónde me dirijo ya que viajo por este mundo ilimitado». Hemos de saber leer el misterio de las cosas: «Todo está escrito en la arena, / todo lo deshace el viento, / todo reposa en su enigma».

Los poemas muestran una profunda apreciación por la belleza de la naturaleza y las pequeñas cosas de la vida («Vivo ahora, amigo Myozen, / bien lejos de los afanes/ del mundo y sus tentaciones») que se disuelven en la nada («Quiero borrar cualquier huella/ de mi paso entre los hombres»).

Los poemas reflejan con gratitud y humildad el asombro ante las pequeñas cosas («Dejad que, sin prisa, camine,/ sumido en asombro y silencio»).

El único poema en el que ya se ha desvanecido la voz poética de Dôgen, la hermosa inscripción de cierre, refleja en sus alejandrinos —a modo de corolario— el núcleo del libro:

*Nunca codició cátedras ni la altura del púlpito.*
*Amó el canto discreto que habita en los arroyos.*
*Supo oír el silencio de todas las respuestas.*
*Amparado en la vida, desdibujó las sombras.*

Un libro en el que encontramos lo mejor de Florencio Luque, fusión de palabra, imagen, música y silencio. Una poética desde la inmanencia, pero de extraordinaria fuerza simbólica: abierta a la elevación, a la luz, al misterio que late en cada cosa y que la contemplación serena nos revela, para intentar —a pesar de reconocer su insuficiencia— encarnarlo en palabras.

***Manuel Ángel Vázquez Medel***

# A SOLAS CON LA LUNA

(LAS SENDAS DE DÔGEN)

# APERTURA

## Bienaventurados

*Qué descansada vida*
la de quien no ambiciona
más que un lento desfile
de nubes por el cielo.

Feliz aquel que se demora
en la luz del crepúsculo;
el que acaricia los recuerdos,
el que se reconoce
en la brizna de un pétalo.

Dichosos los que ignoran los relojes
bajo la sombra de la higuera;
los que con una flauta de bambú
conversan con flores y pájaros.

Los que dejan, como señal
de su paso por este mundo,
una hermosa alameda
donde crecen las flores del recuerdo.

# I
# RECUERDOS DEL MONTE HIEI

«No preguntes hacia dónde me dirijo
ya que viajo por este mundo ilimitado donde
cada paso que doy es mi hogar».

Dôgen

«¿Cuál es la clave de la experiencia mística que deja caer Dôgen en sus poemas? Convivir íntimamente con quienes nos rodean, con todo lo que nos acompaña. La relación no es dual, es más bien no dual, singular, dos en uno como ilustra el anillo de Moebius».

José M. Prieto

«Dirías que este largo fluir hacia la nada
se parece a la muerte».

Ada Salas

## Mapa de la memoria

He cerrado los párpados
para que broten los recuerdos.

Nací en Uji, cerca de Kioto;
mi padre, Koga Michichica,
custodió el sello personal
del emperador Murakami.
Con cuatro años mi abuela me mostró
la poesía de Li Chiao;
él me hizo amar
la sombra luminosa
que siembra la palabra.

Con ocho años perdí a mi madre.
Supe entonces que todo es cambio,
hoja que el viento mueve a su capricho.

En China, Nyojo quiso hacerme
su asistente de cámara;
decliné tal honor,
pues un abismo se alza
allí donde brilla el poder.
Desde Gokuraku-ji, el viejo templo
que rehabilité con mis manos,
contemplo, a mis treinta y tres años,
el vuelo de las grullas con el que huye la tarde.

Y es como si la luz se desangrase entre alas.

## Funeral de Matsudono Ichi

Una nube de incienso remontaba
sobre el cielo del templo de Takao
mientras incineraban a mi madre.

Cuando apenas contaba cuatro años,
me mostró los acordes del poema
en las hojas del chopo, en el jazmín
y en la niebla que acude a los caminos.

Dije tu nombre, madre, lentamente
—su eco abrazó las luces de la tarde
dejándose acunar por el durazno—,
a la vez que esparcía tus cenizas
por la luz del crepúsculo y del aire.

Tu soledad fue alondra y flor de brezo.

## La hija de Fujiwara Motofusa

En la profunda noche titilante,
la noche que oscurece los almendros,
me asomo al balcón de mi infancia.

Madre, en mí
se hicieron carne tus palabras,
*tenemos que construir el paraíso*
—dijiste— *aquí en la tierra.*

Madre, nadie nunca me habló
con la sabiduría de la higuera.
Nadie, excepto tú, madre.
Nadie.

## *Tenzo Kyokún*

Cuando redactaba
*Instrucciones para el cocinero*
me acordé de ti,
mi amado amigo Myozen,
pues serías un magnífico
ayudante de cocina;
tratarías alimentos y ollas
con gran delicadeza y ternura.

Eres, Myozen, igual que el durazno:
discreto bajo el cuenco de estrellas
sencillo cuando te acaricia la luz.

## El vuelo de las garzas

Vivo ahora, amigo Myozen,
bien lejos de los afanes
del mundo y sus tentaciones.

Me oculto en un viejo templo
donde es amable vivir
y, al amanecer, admiro
la niebla entre las mimosas.

Quiero borrar cualquier huella
de mi paso entre los hombres
y que el vuelo de las garzas
sea bálsamo en mi herida.

## Parva del cielo

«Fui emboscada
por el río de estrellas».
MOYA CANNON

Desde la terraza contemplo,
ajeno a los afanes de los hombres,
el lento atardecer sobre los chopos
mientras se encienden los primeros frutos
en la parva del cielo.

Pero, amigo Myozen, tú bien lo sabes,
no hay palabra que alcance a revelarnos
el gozo inmarchitable de lo bello
y ebrios andamos presos en su luz,
como niños que miran, absortos, la cometa
o como mariposas en torno a un candil.

# II
# IR A PIE

«Permaneciste en pie
igual a ti
con el mismo ademán con que llegaras,
el de quien debe caminar».
José Ángel Valente

«Bajo la sandalia un círculo vacío,
sobre el sombrero, una mariposa».
Julia Otxoa

## El lenguaje de las cosas

En la cima de la noche
resplandores diminutos
acarician los caminos.

La tarde esboza en los chopos
el corazón de las sombras
con los abrazos del aire.

El agua brota en la umbría
pero su luz resplandece
entre un rumor de libélulas.

En la cumbre de la torre
un autillo con su canto
mece el sueño de los niños.

Con las ascuas de los frutos
teje el manzano su capa
para abrigar las alondras.

Todo está escrito en la arena,
todo lo deshace el viento,
todo reposa en su enigma.

## Nido

En una vieja higuera de enorme copa verde
cercada por el nimbo magenta del crepúsculo,
encontré un solitario refugio de jilguero.

Entre las ramas grises y un laberinto de hojas
un trino lastimero recordaba la vida.

Vagando, ebrio y sin alas, quedó su eco en la tarde.

## Sol

A todo nombra el sol
al desvelar las sombras.
Nada es equiparable a su elocuencia.
Ni siquiera la tórtola inocente
que ahora canta en la rama del ciprés
y que ignora el sentido de la música,
podría parecerse a su misterio;
pues sus alas le pertenecen
y a él se entrega en los aleros,
o en el bosque, como hago yo,
al afable silencio de su luz.

## Límites

> «La finísima lluvia cae como una neblina».
>
> Fang Che Ta

Cuando la lluvia me habla
y, admirado, la oigo caer sobre la higuera;
cuando contemplo el agua del arroyo
y acaricio la luz de los guijarros;
cuando percibo el tacto del liquen y la roca
y siento los matices infinitos del ocre,
sé que es leve toda distancia:
que en todas las miradas resplandecen,
indistintas, las formas y los límites.

## Espigas

El enjambre de espigas del camino
deja en nuestra mirada un mar verde y sereno,

un vuelo de gorriones en el canto del fruto,
el pan sobre el mantel abierto a la alegría,

y el esplendor de la danza
cuando el aire acaricia su cintura.

## Ciprés

«Es muy larga la noche del corazón».

Jacobo Fijman

Verde encendido en el viento
que acoges nuestra mirada
y a los pájaros del cielo:

acunas hondo misterio
en las ramas, en las hojas,
en tu remoto lamento.

Yo te desnudo mi pecho
y siento que me devuelves
palabras que no comprendo

mientras dejas en el huerto
la dulce melancolía
hecha de un silbo secreto.

## El viaje

Como sobrevuela el valle,
cuenco cuajado de flores,
una paloma perdida.

Como se mecen las hojas,
lágrimas del árbol seco,
en el triste aire de otoño.

Como abre surcos el agua,
lumbre blanca y transparente,
sobre la arena azarosa,

así he llegado hasta aquí,
para dejar estas huellas
que solo aguardan la lluvia.

## Ojos

La luz en la bruma
la nube en el cielo

la fuente que canta
la nube que llora

la flor del camino
la espina en el fruto

la paz del estanque
la tórtola herida

en tus ojos llevas
todo lo vivido.

## Mirlo

Por las aguas del río
va la sombra del mirlo.

Negra nube de trinos
sobre el fulgor del frío.

## La rosa es sin porqué

«La rosa es sin porqué,
florece porque florece».
ANGELUS SILESIUS

Del agua que sortea los juncos y guijarros
se nos dona su luz que baila entre las sombras,
el fluir constante de su brillo,
el eco luminoso de su huella.

Sin cómo ni porqué
lenta caricia de aire
mece campos de espigas.

## Falso testimonio

«Un candil enciende gritos que nadie sabe oír».
CLARISSE NICOÏDSKI

He visto llorar la lluvia,
sobre los estanques,
un jazmín con blancas nubes diminutas,
la exactitud de las sombras
abrazar las alamedas,
lunares de añil sobre los pinos,
un jarrón con siemprevivas en la mesa.

He oído el canto de los gorriones,
la arboleda con los zumbidos de abril,
el susurro del viento en los jaramagos,
los ecos ocultos en un pozo.

Dejo aquí el falso testimonio que nombra
lo que solo el silencio revela.

## Donde la luz penetra

Yo no sé de dónde llega
la dorada claridad
que acompaña los crepúsculos.

Nada sé de lo que brilla
en el nimbo de las cosas
y hace que cante el jilguero.

Ignoro el vuelo del mar
que escribe la blanca luna
sobre el añil de la noche.

Pero todo alberga un hueco
por donde la luz penetra
para alumbrar el camino.

## Mendigo luz

«El que vive es un viajero en tránsito,
el que muere es un hombre que torna a su morada».

Li Po

Bajo este triste sol de otoño
lentas caen las hojas
hasta las aguas del estanque.

En mis manos abiertas
llevo plantada igual semilla,
y he de alcanzar la misma parva.

Mientras, mendigo luz
y heredo lo que alumbro.

## He dicho

He dicho olvido,
pero solo era tiempo;

abrazo, en el temblor
de un campo de amapolas;

soledad, en la sombra de la nube
sobre la paz del valle;

opulencia, en la luz
dorada del manzano.

En todo balbucir
se ilumina lo oculto.

## ¿Quién?

¿Quién podría echar en falta
estas hojas de mimosa
que el viento se lleva?

¿Quién el canto del autillo
en los almendros del valle?

¿Quién esta brizna de brezo
en la soledad del campo?

Quien siente y oye la luz.
Quien ama oculto en silencio.

## Todo llega o retorna

La luna de la plaza que espera al vagabundo
quieta sobre los charcos de la lluvia.

El ave que en el aire suspendida
muestra el azogue oculto entre sus alas.

Esta luz que reposa en aguas del estanque
y deja su silencio en los nenúfares.

El manzano que ignora su belleza
y extiende mansa cúpula de frutos.

Todo llega o retorna; todo es viejo y distinto.
Todo abraza ceniza y se consume en fuego.

## Escudilla

La tarde se ha teñido con una luz violeta
y cantan los jilgueros en la fronda del bosque.

Junto al sendero de la fuente
me desprendo de mi escudilla:
me bastarán las manos para saciar la sed.

## Sueños

Ha caído la noche
como el lento desvanecerse
de la niebla en los cerros.

En lo más alto
brillan estrellas
inalcanzables
                    como los sueños.

# III
# DETENERSE Y ABRIR LAS ALAS

«Allí sobre la luz.
Donde el tiempo atesora
tanta leve materia

hallaré mi reposo».
Ada Salas

«Todo se abre y el verlo
abre el alma».
Hugo Mujica

## Nada

«Nada fui con la noche y seré nada;
pero una nada —ahora— gozosa por el vuelo».

María Victoria Atencia

Cuando la lluvia llegue
y el corazón se torne
un transparente estanque,
seré junco en su orilla,
nada,
que nada espera.

## Piedra

«Nunca despertarán
de ser el sueño sordo de ellas mismas».
Antonio Cabrera

Me he detenido para contemplar
la piedra inconmovible en su silencio.

Lejos de la belleza de los frutos
o de la algarabía de las hojas
apenas muestra su discreto gris
bajo la sombra amable del manzano.

En la alquimia que encierra su clausura
una minúscula hendidura guarda
la luz velada en todas las umbrías.

## Lluvia

Desde la cama oigo caer
la amable letanía de la lluvia.

Es la misma que evoca mi niñez
y borra los recuerdos de calles y de plazas,
la lluvia que regala sus dulces alfileres,
la que bendice los olivos
y da forma a los cuencos donde bebe la alondra;
la que dibuja el óxido en mi imagen
sobre la escarcha de cualquier espejo.

## Quiero

«Cayeron como copos
cayeron como estrellas».

Emily Dickinson

Como caen las hojas llevadas por el viento,
sin notar el camino que las deja en la tierra,
así quiero vivir, flotando en leve sueño,
sin hacer caso a nubes, solanos o tormentas.

Quiero aguardar la sombra que llevamos muy dentro
con la serena voz de la alondra en la breña,
que regala su canto y las alas del vuelo,
sin ningún más allá, sin oscura caverna.

## La casa

Perdida en el silencio de olivos centenarios
casi oculta entre malvas y humildes verdolagas,
cubierta por un cielo de enormes nubes grises,
me encontré con la casa derruida por el tiempo.

Solo algunos cascotes y fragmentos de mármol
eran signos visibles de un esplendor antiguo
que ahora se perdía camino de la noche
hasta alcanzar olvido sembrado de hojas secas.

El gorrión en el aire, la tórtola en la rama,
un zumbido de abejas, el viento en los cipreses,
no añoran a los dueños, prosiguen su trabajo
ajenos a la herencia de tanto humo y ceniza.

## Frágil porte

Cardo mariano del sendero
que el caminante ignora
y sobre el que se posa la libélula
mientras tiembla en el aire
el fuego malva de tu flor:
antes de que el rigor de agosto
robe tu frágil porte de vigía
quiero dejar aquí el recuerdo
de la brevedad de tu baile
en el verde escenario de los campos,
tan fugaz como el paso del hombre por la vida.

## Un rastro de lumbre

«Comulga ese temblor
que te enmudece».

Ada Salas

Yo no sé de dónde llega
la serena luz añil
para acariciar la tarde.

Nada sé de lo que brilla
en el nimbo de las cosas
y hace que cante el jilguero.

Ignoro el vuelo del mar
que escribe la blanca luna
sobre el lienzo de la noche.

Pero todo lo que crece,
en oscuridad o en alba,
nos deja un rastro de lumbre,

abre un luminoso dédalo
para quien sabe mirar
con la inocencia de un niño.

## El silencio en la llama

Entre estrellas celestes de plumbago
contemplo un mirlo muerto
y un desfile de hormigas
dispuestas a borrar todas las huellas
de su vuelo azabache.

Entre estrellas celestes de plumbago
se enciende la bruma del mirlo

y deja paso a la ceniza
del silencio en la llama.

## Valle

La tarde va cayendo sobre el trigo,
remotas nubes grises lo acompañan
y es el valle un sereno estanque azul
donde resuena el canto de la alondra.

## Quiero ser hoja de higuera

Contemplo hojas de higuera
brillando bajo la luna
ajena a los rubíes
de los caminos del cielo.

Lejos de afanes y fama
solo por el aire tiemblan
mientras aguardan el fruto
del canto de los gorriones.

Si he de volver a este mundo
quiero ser hoja de higuera
y brillar bajo la luna
y coronarme de trinos
y soñar ebrio de luz.

Si he de volver a este mundo
quiero ser hoja de higuera
para estar cerca del cielo
para beberme el rocío
para no dejar la tierra.

## Sueño y sombra

«Eras un niño. En un jardín jugabas».
ELOY SÁNCHEZ ROSILLO

Bajo la sombra del chopo,
soy esta suave penumbra
en el silencio del aire.

Bajo la sombra del chopo,
soy el canto de la tórtola
con su dulce letanía.

Bajo la sombra del chopo,
me abrazan todos los sueños
y la inocencia de un niño.

## Las cosas invisibles

El limonero ya alcanzó la tapia;
en sus frutos se miran las estrellas.

Cruza la alondra con su vuelo el prado;
se estremece la umbela del hinojo.

Se agosta el canto azul de las lagunas;
las garzas abandonan sus orillas.

Hijos y nietos velan al difunto;
lo acogerá la higuera del camino.

Sencilla oscuridad iluminada
acompaña los pasos en la vida.

*No puedes verlas, pero siguen ahí,*
*las cosas invisibles siguen ahí.*

## Destino

A veces me complace contemplar
cómo vuelan las grullas en el valle
o el brillo de la luz sobre las aguas
por si en ellos notase alguna huella
que descifrara sendas y caminos.

Pero todo está escrito con signos ilegibles;
así tanto el que aguarda una casa con flores
como el que solo anhela oro, fortuna y cetro,
o quien está perdido en horas de dolor,
desconoce la trama que sostiene sus días,
como grulla en el aire, como brillo en las hojas.

## *Amor fati*

«Descansar en la luz
mientras el universo
va tejiéndose».
CHANTAL MAILLARD

Tumbado bajo un chopo
que el aire te regale
el canto del jilguero.

Abraza con la brisa
el temblor de las hojas,
su caída y su vuelo.

Cuando llegue tu otoño
que ni espinas ni zarzas
aniden en tu pecho.

## Cerrar los párpados

En un pequeño huerto abandonado
donde germina la maleza,
en la espesura del lentisco,
bajo este cielo inmenso,
quiero cerrar los párpados,
enseñar las manos vacías,

ser alondra que vuela
por sendas luminosas.

## Nenúfares

Es la tarde en los nenúfares,
un sereno brillo verde
con las luces del crepúsculo.

Cuando aparezca la luna,
serán estrellas sin alas
teñidas de blanca lumbre.

## Solipsismos

Una modesta espina clavada entre los dedos
se transforma en corona, merma, herida, vacío,
y su dolor se irradia hasta tintar de gris
chopos, alondra, cielos, el sueño y la vigilia.

Lejos de esta quimera la semilla se esconde
para llegar a ser alta torre de pájaros
y tránsito, en silencio, de retorno a la tierra
encerrada en su noche sin estrellas ni luna.

## Don de la luz

Bajo los párpados de la noche,
ahora que en la ventana brillan
multitud de semillas remotas,
mis ojos contemplan el silencio.

Soy oscuro corazón de piedra;
aguardo el don de la luz.

## Nada sé

Las flores amarillas de la acacia
han dejado en el aire,
a solas con la luna,
un canto breve y luminoso.

El autillo regresa al sauce
por las sendas del bosque
mientras la noche enciende estrellas
en la cima de la montaña.

En el lecho del río
agoniza un pez en la luz
y un loto abre sus pétalos.

En cada cosa late un pulso
que vela su presencia
y calla lo que nombra.

## El silencio de la hierba

«Crece una flor aunque la amemos; y la hierba crece,
aunque no la amemos».

DÔGEN

Las nubes alisan guijarros
con un vuelo de lluvia.

Las semillas del crisantemo
envuelven sombras de difuntos.

El aire esparce en primavera
la nieve de los álamos.

Un caracol asciende
entre las plumas verdes del hinojo.

El mochuelo observa en silencio
el silencio de la hierba.

Sobre la partitura,
ninguna nota sobra
ninguna nota falta.

## Umbral

Mientras deslumbra el azahar
y en sus ramas canta un jilguero,
en algún otro sitio,
ni lejano ni extraño,
las moscas examinan un cadáver.

Absorto miro el horizonte:
me siento en el umbral
de una casa en silencio
donde tan solo habitan ausentes.

## Silencio y canto

Ha dejado diciembre
a los pies del olivo
un puñado de frutos malvas,
migajas maduras y tiernas,
a las que acuden los gorriones.

Así, las aceitunas,
leve vuelo y caída,
cumplen con su tránsito humilde
que une silencio y canto.

## Catedral de aire

Bajo la sombra del durazno
contemplo sus frutos y el tronco
por el que las hormigas deambulan.

Sobre mi mano abierta he desplegado
la honda claridad de sus semillas.

En la más alta de las ramas
canta una tórtola.

## Ruego

Dejad que aguarde cada día
como quien espera los frutos
del árbol de un pequeño huerto.

Dejad que apure su raíz
y acaricie las plumas de sus pájaros
bajo un velo de lluvia azul.

Dejad que, sin prisa, camine,
sumido en asombro y silencio,
para echar el telón de esta liturgia.

# CIERRE

## Inscripción

> «¿Qué dejo en herencia?
> las flores en primavera,
> el canto del cuco en verano,
> la nieve en invierno
> y las hojas carmesí en otoño».
>
> RYOKAN

Nunca codició cátedras ni la altura del púlpito.
Amó el canto discreto que habita en los arroyos.
Supo oír el silencio de todas las respuestas.
Amparado en la vida, desdibujó las sombras.

# ÍNDICE

III. Detenerse y abrir las alas

CIERRE

*Este libro se terminó de editar en Granada*
*en abril de 2025 por*

**www.aversopoesia.com**
*hola@aversopoesia.com*